Couverture inférieure manquante

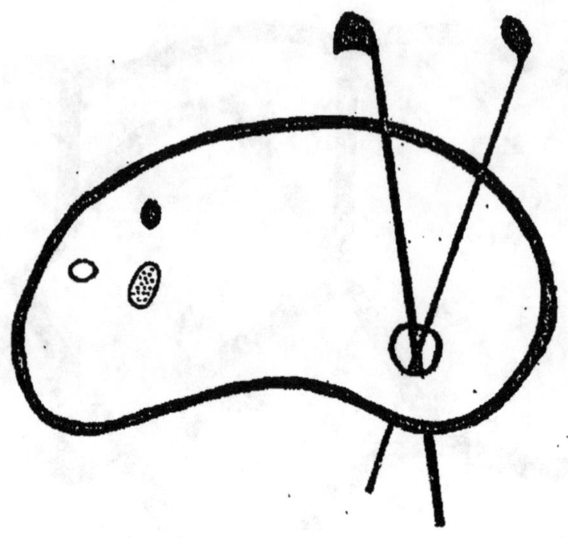

DÉBUT D'UNE SÉRIE DE DOCUMENTS
EN COULEUR

SCIENCE ET RELIGION
Etudes pour le temps présent
Série Historique
...ée sous les auspices de la Société Bibliographique

228

LES GRANDS ORDRES RELIGIEUX

LES BÉNÉDICTINS
EN FRANCE

PAR

DOM BESSE

PARIS
LIBRAIRIE BLOUD & Cie
4, RUE MADAME ET RUE DE RENNES, 59
1903

SOCIÉTÉ BIBLIOGRAPHIQUE

ET DES PUBLICATIONS POPULAIRES
5, rue Saint-Simon, Paris, VII⁰

But de la Société. — La Société Bibliographique a pour but de réunir tous les hommes d'intelligence et de cœur, désireux de mettre en commun leurs efforts au service de la Religion et de la Science.

A cet effet, elle favorise la création de *bibliothèques*, de *cabinets de lecture, la publication d'ouvrages pour les classes dirigeantes et pour les classes populaires*, ouvre des *conférences scientifiques, littéraires et sociales* ; elle signale tous les mois, dans le **Polybiblion** (*Revue bibliographique universelle*), les ouvrages parus en France et à l'Etranger ; enfin elle envoie *gratuitement* à tous ses membres son **Bulletin mensuel**, qui contient une *bibliographie de livres approuvés et destinés à la création de bibliothèques populaires catholiques*.

Avantages réservés aux Sociétaires. — 1⁰ Au point de vue moral : les Sociétaires contribuent à la conservation de la Foi.

2⁰ **Au point de vue intellectuel :** *Renseignements bibliographiques; prêts de revues de la Bibliothèque de la Société* ; droit aux **prêts de bibliothèques renouvelables** (*demander les notices spéciales*).

3⁰ **Au point de vue matériel :** la Société assure à ses membres des avantages tels qu'ils rentrent, et au-delà, dans le montant de leur cotisation.

Ses Ressources. — Elles se composent : 1⁰ de la cotisation de tous ses membres associés-correspondants, laquelle est de 10 fr. par an ; on peut s'en exonérer moyennant le versement d'une somme de 150 fr. une fois payée.

2⁰ Des apports des membres titulaires, qui sont de la somme de 100 fr. *au moins* une fois payée. (Ce versement n'exempte pas de la cotisation annuelle de 10 fr., mais il **donne droit à être éligible** comme membre du Conseil de la Société).

3⁰ **Des dons extraordinaires qui lui sont faits.**

Résultats obtenus. — La Société Bibliographique est arrivée à inscrire sur ses listes plus de *neuf mille cinq cents sociétaires* ; chaque année elle fait de nombreux envois de livres pour bibliothèques catholiques et pour distributions de prix aux enfants de nos écoles libres.

Pour plus amples renseignements, s'adresser **directement** *à la ociété, 5, rue Saint-Simon*.

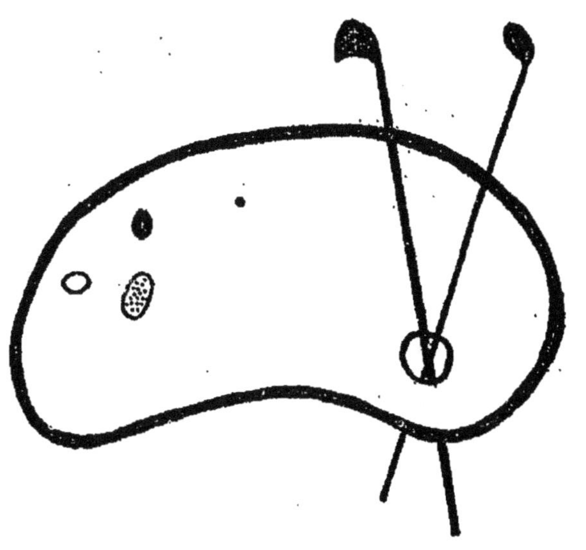

FIN D'UNE SERIE DE DOCUMENTS
EN COULEUR

LES BÉNÉDICTINS

EN FRANCE

SCIENCE ET RELIGION
Etudes pour le temps présent
SÉRIE HISTORIQUE
publiée sous les auspices de la Société Bibliographique

LES GRANDS ORDRES RELIGIEUX

LES BÉNÉDICTINS

EN FRANCE

PAR

DOM BESSE

PARIS
LIBRAIRIE BLOUD & Cie

4, RUE MADAME ET RUE DE RENNES, 59

1903

LES BÉNÉDICTINS
EN FRANCE

CHAPITRE PREMIER

DÉVELOPPEMENT DE L'ORDRE BÉNÉDICTIN EN FRANCE

§ I. — *Première période : des origines à Cluny.*

Saint Benoît, que les Bénédictins honorent comme leur fondateur et leur père, menait à Subiaco d'abord, au mont Cassin ensuite, la vie monastique à l'époque où Clovis et ses enfants établissaient dans l'ancienne Gaule romaine leur peuple et leur autorité. Il naquit à Norcia en 480 et mourut au Cassin, âgé de soixante-trois ans. Saint Grégoire Ier, dans le deuxième livre de ses *Dialogues*, narre longuement ses miracles et

les autres faveurs surnaturelles que Dieu lui
accorda. De sa vie elle-même, de ses actes, de ses
relations avec le dehors, il dit à peine de quoi satisfaire la curiosité la moins exigeante.

Mais serions-nous au courant des événements
qui ont pu remplir son existence, que la rédaction
de sa règle n'en resterait pas moins à nos yeux
son œuvre capitale, devant laquelle s'effacent
toutes les autres. Cette règle, surnommée la sainte,
devint peu à peu le code de tous les monastères
de l'Occident; et, ce qui est son plus grand honneur, elle contribua, pour une part très large, à
préciser dans l'esprit de l'Eglise elle-même la
notion de la vie religieuse et à fixer sa pratique.

Saint Benoît n'a pas établi, le premier, la vie
monastique; il n'a pas créé de toutes pièces
les éléments variés dont se compose sa règle.
Longtemps avant lui, les moines existaient dans
la plupart des pays chrétiens. Saint Martin, l'apôtre
si populaire des campagnes gallo-romaines, leur
avait valu et l'estime et l'admiration de ses contemporains. L'île de Lérins, où saint Honorat se
fit une retraite, était devenue l'asile de moines
nombreux et éminents. Cassien avait réuni à
Marseille une communauté florissante. Ses ouvrages, écho fidèle des enseignements ascétiques
de l'Orient, étaient la lumière des solitudes reli-
gieuses.

Au vi° siècle, époque où vivait Benoît, la vie monastique prospérait sur toute l'étendue des royaumes francs. Dans le midi, elle débordait de Lérins, de Marseille, d'Arles, de Grigny, de Vienne, sur les contrées voisines. Lyon avait ses monastères d'Ainay et de l'île Barbe. Le roi des Burgondes, saint Sigismond, fondait celui d'Agaune ou de Saint-Maurice en Valais. Les saints Romain, Lupicin et Oyand ouvraient dans le Jura plusieurs colonies monastiques : Condat, aujourd'hui Saint-Claude, est la plus connue. Grégoire de Tours raconte les origines de nombreux monastères en Auvergne ; il n'y en eut aucun qui atteignît la célébrité de Menat. Il parle de ceux du Berry, de la Touraine, du Poitou. Voici quelques noms : Ligugé, Saint-Maixent, Ansion ou Saint-Jouin, Sainte-Croix de Poitiers, Saint-Martin de Tours, Marmoutier, Saint-Mesme de Chinon. Ce n'est pas tout. Il convient de citer Saint-Yrieix en Limousin, Saint-Martin de Vertou, Glanfeuil en Anjou, Saint-Calais, Micy, Saint-Germain de Paris, Réome, Saint-Seine, etc., etc. Cette germination monacale s'épanouit surtout à la fin du vi° siècle. Elle a laissé des traces dans les œuvres de saint Grégoire de Tours, de saint Fortunat, des hagiographes et dans la tradition.

Les basiliques qui s'élevaient auprès des villes ou dans leur enceinte sur le tombeau des apôtres

du pays et des saints illustres pontifes, reçurent
pour leur service des communautés monastiques.
On en trouvait au fond des campagnes et des
forêts solitaires. Les évêques et les princes favo-
risèrent avec empressement une institution qu'ils
jugeaient utile à l'Eglise et au pays. Il y eut parmi
les fidèles un pieux élan. On vit les vocations
naître de toutes parts. Les Gallo-Romains, pré-
parés par une formation religieuse déjà ancienne
et profondément remués par le spectacle de la fin
d'un monde, vinrent les premiers. Les Barbares,
Francs et Burgondes, stimulés par les ardeurs
d'une foi jeune, les suivirent bientôt. Les enfants du
peuple s'y mêlèrent aux membres de l'aristocratie.

Cette première efflorescence fut indépendante de
saint Benoît et de sa règle. Les hommes qui eurent
à organiser les monastères francs s'inspirèrent
des traditions de l'Orient monastique. Ils les
connaissaient par les écrits de Cassien et de saint
Jérôme et par les traductions de Rufin. Le monachisme africain, qui avait eu dans l'évêque d'Hip-
pone son législateur, leur put fournir des éléments.
Ils bénéficièrent en outre de l'impulsion donnée
jadis par saint Martin aux premiers moines de la
Gaule romaine. Les règles de saint Césaire, de
saint Ferréol et de Tarnat donnent une idée de ce
que pouvaient être les monastères les plus sagement organisés.

Il y avait néanmoins beaucoup d'incohérence et une confusion qu'aggravait encore l'exubérance d'une race jeune. De graves désordres étaient à craindre. Il n'en fallait pas davantage pour compromettre l'avenir monastique de la France, si la Providence n'avait pas préparé en Italie un remède à cet état de choses.

Les monastères ressemblent à des arbustes forts et pleins de sève. Mais ce ne sont que des sauvageons. Pour en faire des arbres utiles, il suffit d'opérer une greffe. Saint Benoît cultive au Mont-Cassin l'arbuste providentiel. Il n'y aura qu'à prendre sa règle et à l'introduire comme un bourgeon rénovateur dans les monastères de France, pour en faire d'autres Mont-Cassin.

Du jour où les moines francs se mettent à l'école de saint Benoît, tout revêt chez eux un nouvel aspect. Leur vie prend une forme nette ; leurs communautés s'organisent. Ils ont un avenir. Cela ne saurait les préserver d'une décadence toujours possible. Mais une règle, trempée dans l'Esprit de Dieu, produit un principe de vie. qui, à certaines heures, devient un germe de résurrection. On peut, avec son secours, relever les monastères déchus. Cette vitalité de la règle bénédictine croît avec les siècles et l'expérience que les hommes en font.

Une circonstance inattendue, qui aurait pu

compromettre le succès de la règle de saint Benoît, devient, grâce à sa merveilleuse souplesse, un moyen de le rendre prompt et durable. Un Irlandais, qui est un ascète rigoureux et un infatigable apôtre, saint Colomban arrive. Il se fixe à Luxeuil (590) avec une poignée de disciples venus comme lui de la Grande-Bretagne. Il porte et conserve les usages des Eglises et des monastères celtes. Luxeuil devient, sous sa direction forte, une école, et une école très prospère. La discipline religieuse prescrite par Colomban et les enseignements qu'il donne répondent aux besoins du vieux tempérament gaulois et du caractère germanique. Saint Benoît paraît relégué au second rang, et peut-être même contraint de céder les monastères francs à son extraordinaire rival. Mais il n'en est rien.

La règle bénédictine est l'œuvre d'un Romain de génie et d'un saint. Son auteur, qui eut, à un degré éminent, les qualités d'une race de conquérants et de civilisateurs, a su lui communiquer une étonnante puissance d'absorption et d'adaptation. La marche des événements la met en contact avec la règle de saint Colomban ; c'est à Luxeuil même, semble-t il, que cette rencontre a lieu. Il en résulte une union inespérée où saint Benoît est le premier, en attendant le jour où il sera tout. Au lieu d'éliminer la règle columbanienne, il en absorbe toute la sève.

Cette fusion des deux éléments celte et latin dans les cloîtres a pour notre pays les plus heureux résultats. C'est elle qui donne aux moines l'énergie dont ils ont besoin pour dompter et conduire les enfants des Barbares, et pour fondre dans l'unité de la civilisation chrétienne tout ce qui s'agite alors pêle-mêle sur le sol de la vieille Gaule. On retrouve en Angleterre cette fusion avec la même fécondité. D'Angleterre et de France, ses résultats se communiquent à l'Allemagne. Les moines d'Espagne et d'Italie finissent par en ressentir les effets.

Une floraison monastique nouvelle suit l'union des deux grandes règles bénédictine et colombanienne. Les monastères se multiplient dans les villes et à la campagne. Impossible de les énumérer tous. Voici les noms de quelques-uns, rangés parmi les plus importants : Luxeuil, Fleury, Chelles, Rebais, Ferrière, Jouarre, Faremoutier, Saint-Denys, Saint-Riquier, Corbie, Saint-Jean-Baptiste de Laon, Jumièges, Fontenelle, etc., etc. Les femmes ne sont pas moins empressées que les hommes, et les anciennes abbayes sentent elles-mêmes le renouveau de la jeunesse.

La surabondance de la vie religieuse n'est pas ordinairement seule dans les monastères. Elle produit toujours une vie intense dans toutes les manifestations de l'activité. Les moines étudient avec plus d'ardeur ; ils se livrent à la culture des arts ; les travaux matériels bénéficient de cet élan. Il y a surtout un irrésistible besoin d'apostolat.

Cependant, la monarchie franque s'émiette de plus en plus et ses lambeaux échappent aux princes faibles et indolents qui les ont en héritage. La vie monastique, quelles que soient son indépendance et sa vitalité, ne peut prospérer dans un pays livré à une politique de ruine et d'anéantissement. Son développement et son action, qui opèrent l'avenir de la France, lui créent au milieu de l'effondrement immédiat de la royauté mérovingienne un inévitable danger. Il est immense.

Nombreux, peuplés, actifs, influents, les monastères possèdent la richesse territoriale. Pacifiques et désarmés, ils n'ont pas en main la force matérielle qui pourrait assurer l'indépendance et la sécurité de leurs biens. Le pays traverse une de ces crises suprêmes, qui se rencontrent d'ordinaire aux tournants de l'histoire. Tout aurait sombré sans l'intervention d'un homme de tête et de caractère. Les circonstances lui donnent une autorité absolue. Il en use. Et comment n'en abuserait-il pas en face des exigences impérieuses créées par les événements ?

L'invasion sarrazine menaçait de tout détruire,
églises, monastères, tout. Charles Martel, avec le
concours d'une armée recrutée par lui, en repous-
sant les hordes musulmanes, sauve églises, monastères, tout. Les troupes, chefs et soldats, réclament le salaire de la victoire. Que leur donner ?
Charles traite les églises et les monastères comme
une conquête. Il dispose de leurs biens en faveur
de ses officiers. C'est une injustice criante, je le
reconnais. Mais ses héritiers sauront au moins la
réparer largement.

En attendant, les pauvres monastères végètent ;
ils ne cessent point toutefois d'exister. Le droit
des moines à la vie religieuse est respecté. Ils la
mènent tant bien que mal, misérablement quelquefois.

Dès que Pépin le Bref a rétabli l'ordre matériel,
l'ordre moral règne dans les Églises et les monastères. Rome, par saint Boniface, donne le signal de
la renaissance. Le roi seconde par tous les moyens
en son pouvoir cette restauration religieuse. Son
fils Charlemagne continue avec un zèle et une intelligence supérieure. Les moines sortent ainsi
promptement de l'état malheureux où les avait
précipités Charles Martel, plus nombreux, plus
forts. Pépin le Bref et Charlemagne jouent dans
ce travail de la régénération monastique un rôle
prépondérant. Ils choisissent fréquemment les

abbés réformateurs ; et leur choix est heureux.
Non contents de rendre aux abbayes les domaines
perdus, il les augmentent, et ils ajoutent de nouveaux privilèges aux anciens. Ils favorisent les fondations nouvelles. La situation matérielle et morale de l'ordre monastique est ainsi de beaucoup
supérieure à ce qu'elle fut jadis.

En retour, les Bénédictins servent leur pays
plus que par le passé. Ils portent la foi, la civilisation chrétienne et l'influence franque chez les
Saxons et jusque dans les pays scandinaves. Ils
sont les auxiliaires dévoués de Charlemagne et de
ses successeurs. On les voit auprès de sa personne
à la cour et dans les camps, exerçant partout une
influence salutaire. Les monastères lui fournissent
une pléiade de grands hommes : Alcuin, le plus
grand de tous, Anségise, Eginhard, Paul Diacre,
Wala, Adhalard, Paschase Radbert, Loup de Fer-
rières, Rhaban Maur. Un saint fixe surtout l'at•
tention : c'est saint Benoît d'Aniane.

Il commence par réformer les abbayes du Lan-
guedoc et de l'Aquitaine. Louis le Pieux le veut
ensuite auprès de lui, non loin d'Aix-la-Chapelle.
Il en fait le chef de tous les monastères de ses Etats
et lui confie la mission d'affermir l'observance monastique parmi leurs religieux. Un concile d'abbés,
réuni à Aix-la-Chapelle (817), marque le premier
pas vers une union qui aurait fait de la multitude

un peu disloquée des communautés monastiques,
un tout compact. Mais cette tentative est préma-
turée. Il aurait fallu, pour en assurer le succès,
un continuateur de Benoît d'Aniane ou mieux un
autre lui-même. Or de pareils hommes sont rares.
Quand il en a surgi un, le devoir de l'Église et de
l'État, au moment où Dieu les reprend à lui, est
de saisir leur œuvre pour la maintenir sous l'impulsion qu'il a su lui donner. Par malheur
c'est alors chose impossible. En Italie, les Papes
sont aux prises avec mille difficultés. Les princes
carolingiens ne peuvent, en France, conserver
l'héritage de Charlemagne. Leur incapacité, plus
encore que les guerres intestines qui les absordent
et les épuisent, le laisse périr sous les coups des
Barbares du Nord, de l'Est et du Midi.

Durant cette période, la vie monastique a repris
possession du Mont-Cassin avec l'abbé Pétronax.
La célèbre abbaye devient pour tous les enfants de
Saint-Benoît un centre. Malheureusement les in-
cursions sarrazines arrêtent, au ixe siècle, l'essor qu'ils prennent en Italie. Les musulmans ont
ruiné le plus grand nombre des monastères espagnols. Acculés en Catalogne, dans les Asturies et
sur le versant méridional des Pyrénées, les moines
entretiennent des relations avec leurs frères d'Aquitaine, ce qui les met à même de bénéficier de
l'action réformatrice de Charlemagne et de saint

Benoît d'Aniane. Ils ne tardent pas à prendre leur revanche, en suivant les armées chrétiennes qui refoulent petit à petit les conquérants infidèles. Les monastères anglais se préparent au sein d'une paix relative à la terrible épreuve de l'invasion danoise. C'est en Allemagne que les Bénédictins conservent le mieux leur vitalité monastique. Il y a des abbayes peuplées de moines vertueux et instruits, qui exercent un apostolat fécond.

§ II. — *Deuxième période : Des origines à Cluny.*

Les Normands, au nord et à l'ouest, les Sarrasins, au midi, accumulaient les ruines. Les moines, condamnés à prendre la fuite pour avoir la vie sauve, emportent leurs richesses les plus appréciées, les saintes reliques et quelques manuscrits. Les monastères, livrés au pillage, deviennent fréquemment la proie des flammes, et leurs propriétés sont à l'abandon. Les pauvres moines cherchent un refuge où ils espèrent le trouver. Ceux qui peuvent rester près de leur abbaye ou y revenir après la disparition des envahisseurs se voient exposés à de dures privations et à des humiliations amères. Alors, comme presque toujours, les caractères ne sont pas à la hauteur de l'épreuve. De sorte que la désolation morale est plus profonde que la ruine matérielle. Les moines ont le même sort que la France. Sans gouvernement digne de ce nom, à la merci des bandits de l'étranger, livrés sans défense aux bandits de l'intérieur, ils se meurent.

Mais les moines, plus que les nations, gardent toujours un principe de vie capable de les arracher à une mort imminente. On aperçoit chez eux au x° siècle les signes précurseurs d'une rénovation, pleine d'espérances. C'est l'aurore de la renaissance du pays lui-même. La réforme et la prospérité des monastères anciens, et le nombre, la ferveur et l'activité des abbayes nouvellement fondées jettent promptement le voile de l'oubli sur les souffrances et les hontes de la crise antérieure. Mais cette restauration du monachisme a demandé de longues années. Car le retour des institutions déchues à la vie ne peut jamais s'effectuer sans beaucoup de temps.

Le foyer d'où la vie rayonne sur tous les monastères de France est Cluny, fondé en Bourgogne par le saint abbé Bernon et le duc d'Aquitaine, Guillaume (910). On y sent, dès l'origine, l'action d'un grand saint, qui est aussi un homme d'initiative puissante. C'est le saint abbé Odon. La

2

vie qui surabonde dans son âme se répand autour de lui ; ses religieux en bénéficient les premiers. D'autres ne tardent pas à profiter de leur
exemple. On dirait qu'il a eu la chance d'accumu-
ler en sa personne et dans son monastère l'esprit
de saint Benoît d'Aniane et d'Alcuin, pour reprendre leur tradition, et la perpétuer en l'adap-
tant à des besoins nouveaux.

Odon conserve longtemps le siège abbatial de
Cluny. Le gouvernement de trois de ses successeurs
n'est ni moins long ni moins heureux. Mayol, Odilon et Hugues sont, autant qu'Odon, des saints. La
vertu, la connaissance des hommes, le sentiment
de leurs besoins, l'art de les manier, l'intelligence des nécessités de leur époque en font des
hommes capables de conduire leurs contemporains
et de préparer à l'Eglise et à la société un avenir.
Par eux Cluny s'organise fortement ; et son organisation présente aux grandes abbayes un type
qu'elles peuvent aisément reproduire. Il y a mieux.
Toute une fédération de monastères se forme peu
à peu autour du puissant monastère bourguignon.
Les moines deviennent ainsi une force énorme, la
plus grande force sociale de l'époque. L'Eglise est
la première à l'utiliser. Les premiers rois de la
dynastie capétienne trouvent en eux des appuis
fermes et dévoués. Ils n'ont pas d'auxiliaires
meilleurs pour travailler à la formation de l'unité

nationale. Les bienfaits qu'ils leur prodiguent for-
tifient les liens qui les unissent. Jamais les moines
ne se sont prêtés avec un zèle plus intelligent à
une action religieuse, intellectuelle, sociale et politique comparable. C'est bien l'âge d'or de la
famille bénédictine. Les saints moines abondent.
On les voit sur le trône pontifical avec saint
Grégoire VII, le B. Urbain II ; à la tête d'un
grand nombre de diocèses et de nombreuses
abbayes.

La France n'épuise pas la prodigieuse fécondité
de l'ordre bénédictin. Car il n'est pas moins prospère en Angleterre, en Allemagne, en Italie, en
Espagne. Il s'implante et se développe en Palestine à la suite des croisades. Partout on le sent
sous l'influence de Cluny. C'est l'une des époques
où l'action religieuse de notre pays se fait sentir
avec le plus de force sur tout l'ensemble de la
chrétienté. Les moines sont les infatigables ouvriers de cette expansion.

Cette brillante rénovation du monachisme français a coïncidé, je le répète, avec l'arrivée au pouvoir de la dynastie capétienne. Son développement
s'est fait parallèlement à celui de la puissance
royale. Moines et rois se sont prêté un mutuel
appui. De la sorte, les monastères ont pris une
place importante dans les institutions sociales et
politiques du royaume. Cette action simultanée

des grands abbés et des monarques nous a valu
cette brillante manifestation de la civilisation chrétienne que fut le Moyen Age.

Cluny et les monastères qui donnent à la règle
de saint Benoît une interprétation semblable, ne
parviennent pas à absorber toute la vitalité religieuse de la France. La foi robuste et la vigueur
morale des hommes du temps réclament autre
chose. Il leur faut une vie plus austère, plus péni-
tente. L'Ordre de Cîteaux naît de ce besoin. Ses
abbayes couvrent bientôt la France, l'Espagne, le
Portugal, l'Italie, l'Angleterre, l'Allemagne et les
royaumes du nord. Elles sont très florissantes.
Elles acquièrent vite partout un prestige et une
influence considérables.

Cet Ordre commence simplement ; ses débuts ne
permettent pas d'entrevoir son merveilleux essor.
Il en est ainsi de toutes les institutions qui répondent à un besoin. La force des choses les fait
naître et croître. A un certain moment, il leur arrive un homme, qui répond lui aussi à un besoin.
L'institution se l'approprie ; de son côté, il la fait
sienne. Cette pénétration de l'un dans l'autre est
le point de départ d'une expansion admirable.
C'est ce qui a lieu à Cîteaux. Fondé par saint
Robert de Molesmes, gouverné par saint Albéric,
ce monastère attend pour se développer l'arrivée de saint Bernard, fondateur de l'abbaye

de Clairvaux, qui devient la personnification très glorieuse de la réforme inaugurée à Cîteaux. La part qu'il lui est donné de prendre au gouvernement général de l'Eglise et à la direction des esprits, son crédit auprès des rois, sont pour l'Ordre cistercien une efficace recommandation. Aussi les monastères, regorgeant de novices, déversent-ils leur trop plein dans les fondations nouvelles.

A une époque où la vigueur des tempéraments pousse les hommes à la violence et à la guerre, cette migration vers les cloîtres est un inappréciable élément de paix sociale. Cîteaux, qui soumet ces âmes fortes à une discipline austère et ces bras robustes à un travail continuel et utile, est une école de sainteté et de civilisation véritable. Aussi la reconnaissance des princes et du peuple se manifeste-t-elle par des largesses et des privilèges. De sorte que la puissance religieuse et politique de Cîteaux ne tarde pas à égaler, si même elle ne la surpasse, celle de Cluny.

Les promoteurs de la réforme cistercienne, s'attachant au texte même de la règle de saint Benoît, refusent de lui donner le commentaire pratique des modifications et des adoucissements adoptés dans la plupart des monastères bénédictins et sanctionnés par une tradition déjà longue. On ne peut se faire une idée de la profonde édification que donne aux chrétiens le spectacle de tant d'abbayes ferventes et austères, où vivent des saints. Elle explique l'influence qu'exercent leurs abbés et leurs moines.

Il faut à ces monastères, pour maintenir chez leurs habitants cette observance rigoureuse, un lien qui, en les unissant les uns aux autres, les prémunisse contre les dissolvants de la faiblesse humaine et les dangers de l'isolement. Ils ont, en outre, à mettre leur liberté et celle de leurs propriétés indispensables à l'abri de toutes les usurpations.

Les abbés de Cîteaux imaginent une vaste fédération monastique qui groupe autour d'eux tous les abbés de l'Ordre dans des chapitres généraux, dont l'autorité devient promptement considérable. C'en est assez pour imprimer à tous les monastères une direction ferme. Ils ne peuvent avoir une meilleure sauvegarde.

La merveilleuse vitalité de Cluny et de Cîteaux n'épuise pas au Moyen Age la richesse de la règle bénédictine. Sans parler de la Chartreuse, de Grandenomd et de quelques Ordres militaires, dérivant de la règle de saint Benoît d'une manière plus ou moins directe, on trouve Vallombreuse et Camaldoli où cette règle reçoit une interprétation nouvelle. Ces deux monastères, fondés le premier par saint Romuald, et le second par saint

Jean Gualbert, sont le centre de deux congrégations ou plutôt de deux Ordres florissants, dont la
sphère d'action ne s'étend guère au delà de l'Italie.
C'est l'Italie qui a, durant tout le Moyen Age, la
prérogative de ces éclosions monastiques. Il n'y a
rien là qui doive surprendre. Le morcellement politique de ce pays, qui exerce une si grande influence sur son développement commercial et artistique, a son contre-coup jusque dans la fondation
et l'organisation des Ordres religieux. Ils se multiplient afin de mieux répondre à des aspirations
variées et de se mieux prêter aux exigences de la
situation extérieure. Saint Benoît réclame pour sa
part, outre les Camaldules et les Vallombrosiens, les Olivétains, les Humiliés et les Célestins.

Le xii° siècle est, en France et dans l'Eglise latine, la grande période monastique. Partout les
moines sont à l'apogée de leur puissance. Ils
exercent une action très étendue sur toutes les
parties de la société. On peut dire que rien ne
leur échappe. Mais le déclin est proche. Ce n'est
pas certes la disparition de l'Ordre de Saint-Benoît
et de son influence sociale et religieuse. Sa prépondérance va seulement passer en d'autres
mains.

Avec le xiii° siècle, se manifestent dans l'Eglise
et dans le monde des besoins nouveaux. La règle

de saint Benoît, qui a donné tant de preuves de sa
féconde souplesse, possède de quoi les satisfaire
pleinement. Mais il faudrait parmi ses disciples
quelques hommes de Dieu, en qui se reposerait
l'esprit des Benoît d'Aniane, des Odon, des Hugues
de Cluny et des Bernard, pour s'approprier sa
doctrine et l'adapter à une situation nouvelle. On
les cherche vainement sous les cloîtres cisterciens
ou clunistes. Dieu, qui tient sans doute à mieux
faire ressortir les ressources immenses de la vie
religieuse, suscite de nouveaux patriarches, qui
groupent autour d'autres règles des familles reli-
gieuses nouvelles. Ces nouveaux venus font mer-
veille.

Les monastères cisterciens et clunistes restent,
au début surtout, assez fidèles aux observances
régulières.

Ils se maintiennent tant bien que mal dans la
situation que leur ont faite des siècles de dévoue-
ment et de grandeur morale. Les abbayes sont
encore nombreuses. Il y en a d'importantes autour
desquelles gravitent des prieurés en nombre plus
ou moins grand. Elles possèdent de vastes
domaines. Mais la richesse et l'influence suivent
fatalement le sort de la vie religieuse. Et on la
voit s'affaisser de jour en jour. Les vocations
dès lors deviennent rares. Souvent ceux qui se
présentent n'ont aucune générosité.

Les monastères ont, durant les xi° et xii° siècles, pénétré fort avant dans l'organisation de la société civile. Ce fut pour la religion une force et un moyen d'action efficace, aussi longtemps que les moines se montrèrent fidèles à leurs traditions de sainteté. Mais du jour où la vie surnaturelle s'appauvrit chez eux, l'élément séculier prend le dessus et finit par les accabler. Les troubles religieux et civils qui précèdent et suivent au xive siècle et au xv° la funeste guerre de Cent ans, leur créent, comme à toutes les institutions ecclésiastiques de la France, une situation déplorable. Ce n'est pas la sécularisation générale ; mais il s'en faut de peu. On ne peut cependant réserver aux moines seuls le reproche de n'avoir pas dominé une décadence, qui fut en réalité le fait de tous. La justice récuse en histoire les boucs émissaires. Les monastères reflètent l'état de la société civile et religieuse qui les entoure. Il en a toujours été ainsi. Ce lien avec leurs contemporains fait le grand intérêt historique de leur passé.

Tout n'est pas sans grandeur morale néanmoins dans les abbayes bénédictines de cette période. On constate des efforts sincères tentés sous l'impulsion des Papes pour arrêter la décadence. Les chapitres provinciaux et l'organisation de l'Ordre imaginée par Benoît XII permettent un instant

d'espérer. Mais ces mesures ne peuvent aboutir ;
pour assurer leur efficacité, il aurait fallu dans la
Cour romaine une vigueur que l'on y chercherait
en vain ; chez les rois et les évêques, un souci
de la sainteté religieuse, qui leur fait absolument
défaut. Les préoccupations vont ailleurs.

Quelques abbayes trouvent cependant, au
milieu de la détresse générale, le moyen de se
renouveler extérieurement. Il s'élève des églises
et des édifices monastiques où l'on sent un art et
une puissance d'ordinaire incompatibles avec la
licence des mœurs et l'avilissement des caractères.
Pendant les guerres, les moines sont les protec-
teurs d'une région. Leurs demeures, que défend
parfois une enceinte fortifiée, tiennent lieu de
citadelles où les habitants des campagnes mettent
à l'abri leurs personnes, leurs titres de propriété
et leurs objets précieux. Aucun historien n'a
encore réuni les faits à l'aide desquels on peut se
faire une idée des services rendus alors. La peste
et la désolation qui sévissent partout à certaines
heures les mettent à même de déployer leur charité.
Si la noblesse et la bourgeoisie ont de quoi se
suffire, il n'en est pas de même des petits, qui
vont aux moines comme à des bienfaiteurs atti-
trés. Je le répète, il y a beaucoup à faire pour
arracher à l'oubli les manifestations multiples de
la bienfaisance monacale en ces temps malheureux.

Quelques moines ont laissé dans l'histoire un souvenir glorieux. Trois, en particulier, sont montés sur la chaire de saint Pierre : Clément VI, les Bienheureux Urbain V et le cistercien Benoît XII. Je ne dis rien des évêques, des abbés et des écrivains.

§ III. — *Troisième période : Renaissance monastique.*

Lorsque la France sort de la guerre de Cent ans, un besoin de paix et de réforme se fait sentir ; partout nos antiques institutions veulent revivre. Il en est de même autour de notre pays. Les monastères de l'Allemagne se sont groupés et constituent l'union de Bursfeld. En Italie, l'abbaye de Sainte-Justine de Padoue, sous le gouvernement de l'abbé Louis Barbo, devient le foyer d'une réforme qui finit par s'étendre à la plupart des monastères de la péninsule, au Mont-Cassin lui-même. La réforme des monastères espagnols est sortie de l'abbaye Saint-Benoît de Valladolid ; la congrégation qui a pris ce nom donne naissance aux congrégations du Portugal et d'Angleterre. Les moines français ne peuvent rester longtemps étrangers à cette renaissance universelle de l'Ordre bénédictin.

C'est dans un monastère du Berry, à Chezal-Benoît, que la réforme commence. Les quelques monastères qui suivent cet exemple sont érigés en congrégation par Léon X (1516). Mais ils se heurtent bientôt à un obstacle insurmontable : la commende. Les moines ont, depuis longtemps, perdu la liberté de choisir leurs abbés. Ceux-ci, dès qu'ils sont à la tête d'une abbaye, cherchent à jouir des revenus attachés à leur charge ou plutôt à leur bénéfice, sans avoir souci de la régularité de leurs religieux. On peut signaler quelques exceptions, mais elles sont rares. Le Concordat de François 1er, s'il était appliqué sagement, pourrait donner au roi et au pape un moyen facile de res. taurer partout la vie religieuse. Mais il n'en est rien. Les abbés commendataires opposent à cette renaissance monastique une résistance qui trouve dans leur institution elle-même toute sa force, en attendant que des réformateurs prudents imaginent un moyen de tourner la difficulté. Les guerres de religion reculent cette heure pour longtemps.

Dans ces conditions, Chezal-Benoît végète. Les essais de réforme et de groupements monastiques, tentés dans le nord et dans un certain nombre de provinces après le concile de Trente, aboutissent à la Congrégation des Exempts, dont l'action est toute superficielle. Les quelques monastères bretons dont l'union est appelée société de Bretagne, donnent par contre des résultats pleins d'espérance. L'abbaye cistercienne des Feuillants, que gouverne le vénérable abbé Jean de la Barrière, rend la vie à toute une partie de l'Ordre de Cîteaux désormais connue sous son nom. C'est le prélude d'une restauration générale.

La France se refait, après les interminables épreuves des guerres de religion et de la Ligue, lorsque Henri IV s'est assis sur le trône de saint Louis. Une ère de prospérité et de grandeur commence. Le Catholicisme est le premier à en ressentir les effets. Dieu suscite des saints : saint François de Sales, saint Vincent de Paul et sainte Jeanne, Françoise de Chantal ne sont pas les seuls. Ils deviennent les initiateurs et les guides des Eglises de France. Les monastères bénédictins suivent le mouvement général.

C'est dans une abbaye lorraine, à Saint-Vanne de Verdun, que débute la renaissance monastique. Le vénérable Dom Didier de la Cour parvient, au prix de mille sacrifices, à remettre en vigueur la pratique de la sainte Règle, dans la mesure que comportent les transformations de la société. L'abbaye de Moyen-Moutier suit cet exemple, qui entraîne bientôt la plupart des monastères lorrains. Ils forment une congrégation devenue célèbre sous le nom des saints Vanne et Hydulphe. La Lorraine n'appartient pas encore à la couronne de France. Néanmoins la nouvelle congrégation provoque le zèle de quelques bénédictins français. Plusieurs religieux du prieuré cluniste de Paris sont les premiers à adopter ses observances.

Leurs confrères de Saint-Augustin de Limoges ne tardent pas à les imiter (1613). Le besoin de reprendre la ferveur monastique se fait sentir ailleurs : mais des abbayes françaises ne peuvent guère être incorporées à une congrégation étrangère et accepter l'autorité de ses supérieurs. De là la nécessité d'établir une congrégation spéciale pour les monastères de France. C'est ce qui a lieu. Grégoire XV l'approuve en 1620. Les évêques facilitent son extension. Le roi lui prodigue ses faveurs. La congrégation de Saint-Maur, c'est le nom qu'elle porte, finit par compter cent quatre-vingts monastères.

L'abbaye de Cluny, qui reste la plus puissante du royaume, a sous sa dépendance un grand nombre de monastères. Richelieu tente de les réunir avec ceux de Saint-Maur et de Saint-Vanne dans une congrégation unique. Cette tentative échoue. Mais une grande partie des moines clunistes garde de cet essai une observance plus austère.

La réforme ne peut s'étendre à l'universalité des monastères. Plusieurs sollicitent une sécularisation ou se la voient imposée. D'autres gardent quelques dehors de vie bénédictine. Tous finiraient par subir l'influence complète de Saint-Maur, si le jansénisme ne gênait pas l'essor de cette congrégation.

La congrégation des Feuillants ne parvient pas à absorber toute l'activité réformatrice des Cisterciens. L'abbé de Rancé inaugure à la Grande-Trappe un retour aux austérités du Cîteaux primitif, qui provoque l'admiration générale.

Malgré le nombre et la prospérité de ses monastères, l'Ordre de saint Benoît ne peut pas reconquérir la situation de jadis. La commende l'a décapité. Car le monastère bénédictin est plus que le groupement de quelques hommes menant sous la règle de saint Benoît une existence austère. Ils doivent former un corps complet qui a dans la personne de l'abbé sa tête. Or l'abbé ne peut être qu'un moine, choisi par ses frères pour les gouverner et entouré d'un certain nombre de prérogatives traditionnelles.

Cet abbé manque au monastère. Celui qui en porte le titre n'en remplit pas les fonctions. Il est plutôt pour le développement de l'action monastique une entrave fort gênante.

Les monastères possèdent, non la fortune, mais des propriétés, qui se sont formées avec le temps grâce à la générosité des chrétiens et à la sage administration des moines. Sans elles, le monastère bénédictin est incapable d'exercer autour de lui son influence traditionnelle. Elles sont, entre les mains de ses habitants, un inappréciable instrument de bien. Il n'est permis à personne de leur assigner une autre destination. Du jour où le roi et le pape se trouvent en fait d'accord pour en donner une partie considérable à un membre du clergé séculier, qui en jouit paisiblement et ne contracte envers les moines aucune obligation, les intentions des fondateurs et des bienfaiteurs sont sacrifiées. C'est l'abus que la commende organise et consacre.

Les promoteurs des congrégations nouvelles remédient au mal, en donnant à la communauté un prieur amovible. Mais ce n'est plus l'abbé perpétuel de jadis, qui assurait à l'action monastique sa continuité. Et ce n'est jamais en vain que l'on prive une institution de l'un de ses organes essentiels. Les Bénédictins du xviiᵉ siècle ont perdu sur d'autres points encore le sens de leurs traditions séculaires. Ils en conservent assez néanmoins pour maintenir chez eux une véritable grandeur. On leur reconnaît sans peine les traits qui caractérisent le moine. Ce sont des enfants de saint Benoît, et ils agissent comme tels.

Bien que l'Ordre ait perdu par la sécularisation quelques-unes de ses plus belles abbayes,

Saint-Maur des Fossés, Saint-Martial de Limoges,
Moissac, Ainay de Lyon, Tournus, etc., les anciens
monastères conservent leur prestige. Ils exercent
une influence très grande sur les populations qui
les entourent par le simple fait de leur existence et
des relations qu'il leur faut entretenir. L'apostolat
de leurs moines est fructueux. Ils dirigent plusieurs collèges. Mais c'est surtout par leurs travaux
d'érudition qu'ils s'attirent la gratitude publique.
Les congrégations bénédictines de Saint-Maur et
de Saint-Vanne sont au premier rang des corps
religieux dont la France peut légitimement être
fière.

Par malheur, les Bénédictins ne sont pas à
l'abri des infiltrations janséniennes. Cette hérésie
comprime tout essor de la simple vie chrétienne
chez ceux qui pactisent avec elle. Il n'y a qu'une
minorité à se laisser séduire ; c'en est assez pour
livrer les moines à des divisions funestes. La phi-
losophie du xviii° siècle, qui pénètre elle aussi
dans trop de monastères, augmente encore le
mal. Les esprits sont bien atteints par ces
deux fléaux, lorsque la Révolution vient supprimer
les Ordres religieux en France.

Il n'a rien été dit des Bénédictines. Leurs
abbayes furent nombreuses et prospères durant
tout le Moyen Age et au xvii° siècle. C'est par
elles que commença la réforme monastique au

sortir des guerres de religion. Leur recrutement paraît, au moins pour quelques-unes des plus connues, se faire dans les premiers rangs de la société. Les vertus personnelles de leurs abbesses autant que leurs liens de famille valurent une situation privilégiée dans le royaume aux monastères de Chelles, de Jouarre, de Faremoutier, du Val-de-Grâce, de Saint-Pierre de Montmartre, de Sainte-Croix et de la Trinité de Poitiers, de Notre-Dame de Saintes, de la Règle de Limoges, de Saint-Laurent de Bourges, de Beaumont lès Tours, etc. Les premières familles de France y sont représentées ; c'est là souvent qu'elles cherchent des maîtresses pour leurs filles. Il se fait pendant le xviie siècle de nombreuses fondations de communautés bénédictines de femmes. Les Bénédictines du Calvaire, qui ont pour fondatrice Antoinette d'Orléans (1622), n'occupent pas moins de vingt monastères ; la congrégation des Bénédictines du Saint-Sacrement, fondée à Paris par la vénérable Mechtilde (1653), compte plusieurs monastères.

Les monastères d'hommes disparaissent tous dans la tourmente révolutionnaire. Les moines se dispersent. Beaucoup, après le Concordat, occupent dans les diocèses les postes que les évêques leur confient. Les Trappistes, sous la conduite de l'héroïque abbé de Lestrange, sont les

seuls qui conservent l'intégrité de leur vie monastique. L'odyssée de leur communauté nomade
à travers la Suisse, l'Allemagne, la Russie, l'Amé-
rique, est l'un des épisodes les plus émouvants de
l'histoire de la Révolution. Le Père de Lestrange
revient à la Grande-Trappe en 1815. D'autres monastères cisterciens sont successivement fondés
ou restaurés à Aiguebelle, à Port-du-Salut, à Bellefontaine, à Melleray.

§ IV. — *Les moines au XIXᵉ siècle.*

On tente, sous la Restauration, de relever
l'Ordre bénédictin en France avec quelques débris
des anciennes congrégations de Saint-Maur et de
Saint-Vanne. Ces essais n'obtiennent aucun ré-
sultat. Il n'en est pas de même de l'œuvre de
Dom Guéranger. Cet homme de Dieu reprend possession, avec quelques disciples, du prieuré de Solesmes en 1833. Quatre ans plus tard, Grégoire XVI
érige Solesmes en abbaye, chef d'une congrégation
nouvelle, qui ne tarde pas à rendre à l'Eglise des
services très appréciés. Dom Guéranger prend une

part très active au développement des études ecclésiastiques. Historien, théologien, liturgiste, il
utilise son vaste savoir pour réparer les ravages
du gallicanisme et du naturalisme. Son influence
est grande. Le retour des Eglises de France à la liturgie romaine est, en particulier, son œuvre. Il ne
reste pas étranger au mouvement pieux et théolo-
gique qui aboutit à la définition de l'Immaculée
Conception et de l'infaillibilité pontificale. L'abbé
de Solesmes fait école, dans son monastère
d'abord, puis parmi les catholiques. Ses disciples
publient de nombreux travaux. Ils travaillent
depuis quelques années à régénérer l'une des
branches de l'art religieux, le chant liturgique.

De Solesmes sont sortis des monastères dont
le nombre s'est accru depuis quinze ans surtout.
La congrégation de France ne comptait à la mort
de son fondateur (1875) que les abbayes de Solesmes, de Liguzé et de Marseille. Il faut y ajouter
Saint-Maur de Glanfeuil (Maine-et-Loire), Saint-
Wandrille (Seine-Inférieure), les prieurés de Wisques, (Pas-de-Calais), de Paris et de Kergonan (Morbihan), l'abbaye de Silos en Espagne et
le prieuré de Farnborough en Angleterre. Trois
monastères de femmes appartiennent à la même
congrégation : Sainte-Cécile de Solesmes, Notre-
Dame de Wisques, et Saint-Michel de Kergonan.
L'influence de Dom Guéranger et de ses disciples

s'est fait sentir sur l'ensemble de l'Ordre bénédictin. La congrégation allemande de Beuron, qui de toutes est la plus prospère, s'est formée à cette école.

Un saint prêtre, le Père Muard, a fondé à la Pierre-qui-Vire, dans le diocèse de Sens (1850), un monastère où les moines unissent les labeurs de l'apostolat à une observance rigoureuse de la règle bénédictine. Ce sont eux qui veillent sur les reliques de saint Benoît à Fleury (Loiret). Leurs abbayes de Encalcat (Tarn), de Kerbeneat (Finistère), de Belloc (Basses-Pyrénées), sont pleines de vie. Cette dernière vient de créer une école d'agriculture dans le voisinage de Pau ; elle a envoyé une colonie dans la République Argentine. Ces monastères forment une province de la congrégation du Mont-Cassin de la primitive observance. L'abbaye du Sacré-Cœur, dans le territoire Indien, est peuplée de leurs religieux. Ils ont récemment établi deux maisons en Palestine, dont l'une est destinée à devenir un séminaire pour le clergé syrien.

Un monastère s'est reconstitué dans la ville de Cluny ; ses moines qui ont restauré l'antique prieuré de Souvigny, s'adonnent de préférence à la culture des sciences naturelles. Les Bénédictins de la congrégation Anglaise possèdent une abbaye et un collège à Douai.

Le développement de l'Ordre de Saint-Benoît s'est fait au milieu de grandes difficultés. Il a eu néanmoins, dans ces dernières années, un essor inattendu. Puissent les circonstances douloureuses qu'il traverse ne point l'arrêter.

Les Cisterciens, connus sous le nom de Trappistes, sont encore plus nombreux que les Bénédictins proprement dits. Voici la liste de leurs maisons :

Divielle (Landes), Staouëli (Algérie), Bellefontaine (Maine-et-Loire), N.-D. des Dombes (Ain), N.-D. de la Grâce-Dieu (Doubs), Fontgombault (Indre), N.-D. de Sainte-Marie du Mont (Nord), Tumié (Haute-Savoie), Briquebec (Manche), Cîteaux (Côte d'Or), Chambarand (Isère), Entramnes (Mayenne), Sept-Fons (Allier), la Meilleraie (Loire-Inférieure), N.-D. de Bon Repos (Gard), Echourgnac (Dordogne), Igny (Marne), Bonne Combe (Aveyron), la Grande Trappe (Orne), Acey (Jura), N.-D. du Désert (Haute Garonne), Aiguebelle (Drôme), Tymadeuc (Morbihan) et N.-D. des Neiges (Ardèche).

Il s'est constitué autour de l'abbaye de Sénanque une seconde congrégation cistercienne, de laquelle dépendent les monastères de Fondfroide, de Lérins, de Hautecombe et de Pont-Colbert. Les Olivétains, qui sont une branche de l'Ordre de Saint-Benoît, possèdent une maison à Mesnil-Saint-Loup, diocèse de Troyes.

Nous avons parlé des Bénédictines de la Congrégation de France. Elles ne sont pas les seules. Dès l'année 1810, M^mo de Bavoz fondait dans le diocèse de Lyon le monastère de Pradines, d'où sont sortis ceux de Jouarre (diocèse de Meaux), de la Rochette, près de Lyon, de Saint-Jean d'Angély, de Chantelle (diocèse de Moulins), d'Erbalunga (Corse). Les Bénédictines du Saint-Sacrement se sont établies à Paris, rue Monsieur et rue Tournefort, à Caen, Arras, Rouen, Bayeux, Mantes, Montpeyrous (Aveyron), Craon (Mayenne), Bourges, Boulogne, Saint-Nicolas-du-Port (Vosges). Il existe encore des monastères de Bénédictines n'appartenant à aucune congrégation : Sainte-Croix de Poitiers, Flavigny au diocèse de Nancy, Verneuil au diocèse d'Evreux, Lisieux. L'abbaye de Dourgne (Tarn) se rattache à la congrégation de Subiaco (1).

Il y a en France plusieurs monastères de Cisterciennes, qui suivent des observances semblables à celles des Trappistes, Maubec (Drôme), N.-D. des Gardes (Maine-et-Loire), N.-D. de Belval (Pas-de-Calais), N.-D. du Sacré-Cœur à Macon, N.-D.

---

(1) Nous nous en voudrions de ne pas mentionner dans cette liste incomplète les *Servantes des Pauvres*, oblates de Saint-Benoît, fondées à Angers par Dom Leduc.

de la Cour Pétral (Eure-et-Loire), Avénières
(Mayenne), Lyon-Vaise, N.-D. d'Espira (Pyrénées-
Orientales), N.-D. de Bonneval (Aveyron), N.-D.
d'Ubexy (Vosges), N.-D. de Saint-Paul aux Bois
(Aisnes), N.-D. de Blagnac (Haute-Garonne), à
Douai et Lille-Esquermes, à Belley, Rumilly
(Haute-Savoie), Besançon, Saint-Remy (Côte
d'Or), N.-D. de Flines et des monastères de Ber-
nardines indépendantes.

L'Ordre bénédictin n'a pas eu au xix⁰ siècle
un développement comparable à celui de
certains Ordres qui répondaient mieux à des
besoins urgents de la société chrétienne. Ses
abbayes ont néanmoins, par leur nombre et par
la vertu et l'activité de leurs religieux, rendu un
témoignage éclatant à la vitalité et à la fécondité
toujours actuelle de la Règle de saint Benoît. La
plupart des communautés de Bénédictines ont
ouvert des pensionnats florissants. Les Bénédictins de la congrégation de Subiaco exercent un
apostolat fructueux. Les fils de Dom Guéranger
continuent les nobles traditions littéraires de la
congrégation de Saint-Maur et servent ainsi de la
manière la plus utile l'Eglise et la France catho-
lique, pendant que les Cisterciens, mêlés aux
pénibles travaux des agriculteurs, font à nos
populations rurales un bien inappréciable. Mais ce
n'est point là le principal titre que les Bénédic-

tins ont à la reconnaissance publique. Hommes d'oraison avant tout, ils servent l'Église et leur pays, en offrant à Dieu le tribut solennel de la prière publique. Ils prient pour un monde qui ne sait plus le faire.

CHAPITRE II

.

Qu'ont fait les Bénédictins en France durant ces longs siècles de leur histoire? Telle est la question qui se pose naturellement à l'esprit; mais il faudrait pour y répondre des volumes nombreux. Nous ne pouvons donner dans ces quelques pages qu'une très rapide esquisse.

Celui qui veut apprécier l'action des monastères sur l'ancienne France doit avoir sous les yeux leur distribution géographique. Qu'il prenne une carte : des Flandres aux Pyrénées et à la Méditerranée, de la Manche et de l'Océan aux Alpes, au Jura et au Rhin, en promenant ses regards dans tous les sens, partout il rencontre la demeure des moines. C'est très souvent un modeste prieuré; quelquefois aussi une grande abbaye, habitée par tout un peuple de religieux et possédant de vastes domaines.

A certaines époques, nous l'avons dit, les Bénédictins n'ont pas su conserver une vie digne de leur vocation. Mais ces phénomènes du relâchement ne se sont pas multipliés au point qu'il soit permis de les prendre pour l'expression de l'état général d'un Ordre. Malgré des circonstances exceptionnelles plus ou moins nombreuses, les enfants de saint Benoît ont donc suivi fidèlement leur Règle. Le soin de la sanctification personnelle ne leur a point fait oublier les devoirs que la charité impose à tout chrétien, principalement à celui qui s'est voué à la recherche de la perfection évangélique. Ils ont toujours travaillé. C'est par leur travail continuel que les monastères se sont développés. Il fournissait à la charité monastique les éléments indispensables pour s'exercer. La sainteté et le travail de ses membres ont donc été les deux puissants moyens d'action de la famille bénédictine.

Les occupations manuelles leur prenaient un temps considérable. Comment faire autrement ? Les conditions économiques d'alors imposaient aux abbayes et aux prieurés la tâche très lourde de se suffire à eux-mêmes : de là l'obligation d'appliquer leurs religieux aux divers métiers. Ils donnaient ainsi aux populations voisines un exemple salutaire ennoblissant le travail agricole et tous les labeurs aux yeux d'hommes qui en faisaient peu de cas. L'agriculture et les arts ont progressé entre leurs mains. Cette action toute naturelle, qui s'est exercée sur mille points à la fois durant plusieurs siècles, a été l'un des facteurs principaux du développement de la civilisation chrétienne.

Les relations étaient fréquentes de monastère à monastère. Le va-et-vient des moines communiquait à grande distance les progrès accomplis sur un point déterminé. C'était pour le plus grand profit et des religieux et de leurs voisins.

Les abbayes bénédictines ont encore rendu jadis un service des plus appréciés. De tout temps les hommes ont dû entreprendre des voyages. On n'avait pas alors songé à faire bénéficier le commerce des nécessités multiples auxquelles est sujet le voyageur. Les hôtels et les auberges n'existaient pas. Mais le moine, considérant l'étranger comme un membre de Jésus-Christ, mettait le monastère à sa disposition avec le grand sentiment de foi que suggère cette pensée surnaturelle. Les rapports que l'exercice de l'hospitalité créait ainsi entre les abbayes et les hommes du monde ont joué un rôle important dans la formation de l'esprit chrétien.

Il y avait autour de chaque monastère des domaines plus ou moins étendus. Les moines en travaillaient personnellement une partie. Ils administraient le reste conformément aux usages de leur époque. Ils entraient de la sorte dans la catégorie des grands propriétaires. Je ne veux pas insister sur le bien qu'ils ont fait en donnant aux propriétaires leurs contemporains des exemples très utiles. M. Goyau a récemment traité ce sujet avec une vérité saisissante.

Les abbés avaient à ce titre leur place marquée parmi les hommes mêlés au gouvernement et à l'administration du pays ou de la province. Ils en profitaient d'ordinaire pour faire pénétrer dans tout l'organisme social, avec des sentiments chrétiens, des notions pratiques de justice et de vérité.

Cette action des moines fut nécessairement subordonnée à la liberté que les pouvoirs publics leur donnèrent de l'exercer. Toutes les fois qu'on les abandonna au fonctionnement normal de leur vie, ils furent par là les plus utiles auxiliaires des gouvernements. La vie religieuse conserve bien de nos jours la même efficacité sociale. Malheureusement les entraves qui lui viennent d'une législation toute matérialiste, l'empêchent de produire les fruits que la société en pourrait attendre. Néanmoins les chrétiens qui ont habité le voisinage des Trappes et des abbayes bénédictines

savent par expérience ce que les enfants de saint
Benoît ont pu réaliser. Ils sont, plus que les autres
religieux, à même d'agir sur les populations rurales.

Les moines ont été de grands bâtisseurs. On
trouve partout, intacts ou ruinés, des monuments
magnifiques élevés par leur soin. C'est le témoignage éclatant de la puissance qu'ils avaient ac-
quise et du rôle exercé par eux au sein de la société.

La France est à juste titre fière de son architecture nationale. Les monuments qui ont échappé
aux ravages du temps et des révolutions présentent
des types qui ne seront pas égalés peut-être. Les
églises monastiques et les édifices claustraux
y figurent en grand nombre. On ne saura jamais
par quelle interminable série d'efforts les moines
ont dû passer pour approcher de l'idéal artistique
à ce point. Ce n'a pas été en vain. Ils ont eu des
imitateurs nombreux. De la sorte la France a tiré
de leurs leçons, je dis bien leçons, car certains monastères ont vraiment fait école, de précieux avantages. Les services ainsi rendus sont d'ordre
à la fois matériel et esthétique. Les hommes ont
appris d'eux à mieux se loger et à consacrer
aux divers organes de la vie publique et religieuse des édifices grands et beaux, dont l'ordon-
nance prudente contribuait au meilleur fonction-

nement des affaires et au bien-être général.

Il faut mettre au-dessus de cet intérêt, quelle que soit son importance, le service rendu aux arts. Tout peuple qui a conscience de sa dignité fait au développement des arts et en particulier de l'architecture une part très honorable dans sa vie nationale. Les chefs-d'œuvre que ses enfants mettent au jour sont un patrimoine auquel il doit tenir fortement. Ils valent pour un gouvernement éclairé autant que des provinces conquises au prix de lourds sacrifices. Ils forment l'un de ses meilleurs titres à l'admiration. Ceux qui par leur travail contribuent à les lui donner font œuvre très élevée de patriotisme ; ils coopèrent à la gloire de leur pays. Là ne se borne point le rôle de l'architecture. Les bâtisseurs de génie mêlent aux monuments qu'ils élèvent la partie la plus pure de leurs sentiments et de leurs pensées. Ce sont aussi les pensées et les sentiments de l'élite de leurs contemporains. L'église, le monastère, l'œuvre d'art les transmettent aux générations qui se succèdent et sont les moyens particulièrement efficaces dont la Providence se sert pour maintenir intacte et vivante la tradition nationale.

Les Bénédictins, en construisant leurs basiliques monumentales, ne cherchaient pas à perpétuer leur souvenir. Ils obéissaient à l'impulsion d'un besoin que leur vie elle-même allumait en eux. La règle de saint Benoît, pratiquée au sein d'une nation profondément chrétienne, fait naître et grandir un état d'âme particulier, qui va d'instinct au grand et au beau. Ce grand et ce beau sont le reflet spontané de ce que peut être dans les individus et dans la société l'action de cette règle. Cette poussée artistique se fait jour chez les moines français dès le temps de Charlemagne. Les chroniques des monastères, les vies des saints et des grands abbés l'attestent. Les abbayes de Saint-Wandrille et de Saint-Riquier se faisaient remarquer par leurs proportions, la richesse et l'élégance de leur architecture. Saint Gérald, saint-Angilbert et saint Anségise dirigèrent les architectes et les constructeurs. Les malheurs des temps ne se contentèrent pas d'arrêter un élan qui aurait donné en France de si beaux résultats. Les monuments pillés et ruinés par les Normands n'ont laissé d'autre souvenir que celui qui est consigné dans les ouvrages des contemporains.

Le goût des grandes constructions suivit, chez les moines de Cluny et leurs émules au XIe siècle, la ferveur régulière et le zèle pour la gloire de Dieu. Il fallut longtemps tâtonner avant de trouver les secrets de la véritable architecture. Leur persévérance obstinée eut raison de tous les obstacles. Les incendies fréquents au Moyen

Age leur fournirent l'occasion de tendre au mieux. Les nécessités qui vinrent d'un recrutement nombreux leur imposèrent la tâche de renouveler la vieille abbaye. La nouvelle dépassa toujours l'ancienne par sa splendeur autant que par ses proportions.

L'une des plus belles églises bâties alors, celle de Cluny, excitait l'admiration des contemporains. Saint Hugues avait tout fait pour la rendre digne de sa destination. On la nommait la demeure des anges. Il n'en reste plus que des débris. Combien d'autres ont disparu ! La beauté de celles qui nous sont conservées permet de se faire une idée de l'aspect offert au monde par la France ainsi couverte de tant de chefs-d'œuvre de l'architecture religieuse. Tournus, Saint-Bénigne de Dijon, Saint-Remy de Reims, Saint-Denys en France, Saint-Germain des Prés, Saint-Julien de Tours, Saint-Savin sur Gartempe, Sainte-Foy de Conques, Moissac avec son merveilleux portail, Saint-Eutrope de Saintes, Saint-Maixent, Saint-Martin de Séez, la Trinité de Fécamp, Saint-Ouen de Rouen, Jumièges et Saint-Wandrille avec leurs ruines imposantes, Saint-Etienne de Caen, le Mont-Saint-Michel, et une multitude d'autres petites et grandes, situées dans les villes ou au fond des campagnes ; la seule liste couvrirait des pages entières.

Les moines ont eu ce goût des grandes églises et

des beaux monastères jusqu'à une période de leur
histoire où la décadence semblait les avoir engour-
dis. Cette tradition est, avec l'amour des pauvres,
celle qu'ils sacrifient en dernier lieu. Ils furent
contraints, au xvii° siècle, d'adapter à des
besoins nouveaux les anciens édifices monastiques.
Si les changements introduits alors ne suppor-
tent guère la comparaison avec les constructions
romanes ou gothiques des périodes antérieures,
il est juste d'avouer que leurs abbayes produisent
une impression saisissante de grandeur. On les
retrouve un peu partout. Ici, le gouvernement ou
les municipalités les ont transformés en préfecture,
en hôtel de ville, en hôpital, en caserne, en lycée,
ou même en prison ; ailleurs elles servent de séminaires ou de couvents.

Malgré les embarras de toutes sortes qui les
ont accablés, les enfants de saint Benoît n'ont pas
renoncé à cette honorable tradition dans le
courant du xixe siècle. A Bellefontaine, à la
Grande-Trappe, à Fontgombault, les Cisterciens
se sont construit des églises qui, sans égaler celles
du Moyen-Age, répondent à leur destination. Les
Bénédictins de Solesmes, à la veille des expul-
sions, ont eu la possibilité d'entreprendre la cons-
truction d'un monastère qui supporte la comparaison avec les plus célèbres monuments de
l'architecture religieuse. D'autres monastères sont

sortis du sol à Wisques, à Kergonan, à Ligugé.

Je n'ignore pas les critiques soulevées autour de ces moines bâtisseurs. On a tenté de les excuser, en invoquant les salaires gagnés par les ouvriers. Qui a pensé à l'utilité religieuse et sociale de ces édifices ? La postérité donnera de ces œuvres une appréciation plus équitable. Et elle se demandera comment elles ont pu être exécutées dans des conjonctures aussi difficiles.

Saint Benoît fait à ses religieux un devoir de l'étude, qu'il nomme *lectio*. Il leur a fallu lire : lire les divines Ecritures, lire tout ce que l'antiquité chrétienne nous a légué. Mais la lecture suppose dans le monastère la présence de livres. A cette époque, chaque communauté se les procurait par son propre travail. Elle avait un ou plusieurs copistes. La transcription des manuscrits était une tâche assez complexe. Cassiodore a laissé des instructions précises sur les connaissances qu'elle exigeait, et le soin avec lequel l'*antiquarius* devait poursuivre son travail. Les moines qui s'y appliquaient étaient forcément des hommes habiles et cultivés.

La science des choses divines ne peut aller seule. Elle a dans la science humaine une compagne inséparable ; aussi voyait-on dans les bibliothèques monastiques, à côté des écrits inspirés et des œuvres des Pères, les meilleurs débris de la littérature païenne. A ce fonds précieux s'ajoutaient les vies de saints, les chroniques, les commentaires, les décisions des conciles, tout ce que les hommes écrivaient. Toutes les abbayes, cela va sans dire, ne possédaient pas avec la même abondance ces trésors intellectuels. Mais n'importe ! Elles ont été, dans leur ensemble, des ateliers où des ouvriers intelligents les reproduisaient sans discontinuer, et des dépôts où ils étaient conservés religieusement. Et il en a été ainsi durant neuf siècles. Cela devrait suffire pour valoir à une famille monastique la reconnaissance effective de toutes les générations.

Les Bénédictins sont allés plus loin encore. La lecture, que saint Benoît leur prescrit, est une lecture intelligente, une étude par conséquent. Cette étude suppose la coopération intellectuelle du maître instruit avec un disciple qui désire apprendre. Par la force des choses, sans que saint Benoît ait prononcé de mot, une école a été ouverte dans le monastère. Le moine n'a pu refuser aux séculiers de leur communiquer une science qu'ils eussent difficilement trouvée ailleurs. De là une organisation toute simple de l'enseignement autour des abbayes. Lorsque les princes, Charlemagne par exemple, voulurent assurer à l'élite de leurs sujets les avantages d'une instruction solide, ils allèrent chercher dans les cloîtres des maîtres capables de la leur donner. Alcuin et Paul Diacre prêtèrent au grand Empereur un très utile concours. Des écoles florissantes furent ouvertes auprès des principales abbayes. Celle de Saint-Martin de Tours, fondée et dirigée par le bienheureux Alcuin, fut la plus renommée. On peut même dire que le mouvement littéraire du ix° siècle dérive, en grande partie, de ces sources monastiques. La plupart des écrivains dont les œuvres sont arrivées jusqu'à nous appartiennent à l'Ordre bénédictin : Alcuin, Paschase Radbert, Anségise, Ratramne, Smaragde, etc.

C'est par les monastères que la renaissance littéraire commença aux x° et xi° siècles. Quelques écoles monastiques, celle du Bec par exemple, eurent une célébrité et un développement supérieurs à tout ce que l'on avait vu jusqu'à ce jour. Il y eut des maîtres qui, par leurs travaux et leur enseignement, préparèrent la voie aux universités du Moyen Age ; commentaires d'Ecriture sainte, discussions théologiques et philosophiques, collections de droit canon, œuvres de spiritualité, vies de saints, chroniques, on trouve tout sous la plume des moines, etc. Leur autorité intellectuelle s'exerça dans les principales abbayes. La difficulté des communications ne les empêchait pas de suivre avec une curiosité insatiable ce qui se faisait par delà les frontières. Odon de Cluny, Gerbert, Abbon de Fleury, Lanfranc, Anselme, et, malgré ses égarements et ses erreurs, Abélard, Pierre le Vénérable, occupent dans l'histoire littéraire de la France une place très honorable.

Les premiers Cisterciens ne restèrent pas étrangers au courant d'études que suivaient leurs contemporains. Saint Bernard le montre par son exemple personnel. Il n'y eut pas cependant chez eux d'école extérieure comme on en trouvait chez les moines noirs. L'amour de l'étude survécut au grand abbé de Clairvaux. Aussi les Cisterciens furent-ils les premiers à établir un collège ou monastère d'étudiants auprès de l'Université de Paris. Les abbayes avaient cessé alors d'être les principaux foyers de la vie intellectuelle en France. Les Universités avaient pris ce rôle glorieux.

On se le rappelle, le xiv° siècle fut pour les moines une époque de décadence. L'amour de l'étude partageant le sort de l'esprit religieux, les jeunes moines n'avaient plus autour d'eux dans le cloître les moyens d'acquérir les connaissances indispensables à des prêtres. Il fallut leur ménager auprès des Universités, à Paris surtout, des collèges où ils pouvaient suivre les enseignements des maîtres, tout en pratiquant leur règle. Cela

suffit pour maintenir dans l'Ordre un niveau intellectuel. Quelques Bénédictins méritèrent par leur
science un juste renom. Tels furent Clément VI,
Guillaume de Nangis, Pierre Boyer, abbé de
Saint-Pons, Bersuire.

Mais la science bénédictine attendit le XVIIe siècle pour avoir son âge d'or. Elle n'a jamais été
cultivée avec plus de zèle et de succès que dans
la congrégation de Saint-Maur. Les fondateurs
n'avaient pas voulu cependant en faire une société
littéraire ou un corps d'érudits. La sanctification
du religieux était leur but principal. Mais le reste
leur fut donné par surcroît. Mabillon est le meilleur
représentant de la science monastique française.
Son *De re Diplomatica* et son *Traité des études
monastiques* en font un chef d'école, un maître
de génie ; l'érudition moderne suit encore la voie
qu'il a tracée. Ses *Actes des Saints*, publiés en
collaboration avec Luc d'Achery, et ses *Annales
bénédictines*, n'ont rien perdu de leur valeur,
après deux siècles de travail. Les Mauristes ont
surtout bien mérité de l'Eglise et de la société par
leurs savantes éditions des Pères. Les travailleurs
du XXe siècle s'estiment heureux de les avoir à
leur disposition. Une multitude innombrable de
documents qui intéressent l'histoire générale de
l'Eglise, celle des Ordres religieux, de la France
et de nos provinces ont été arrachés à l'oubli par

ses infatigables chercheurs. Montfaucon, Martène, Durand, Vayssette, Lobineau, Félibien, et d'autres encore se sont consacrés à cette tâche utile. L'histoire littéraire de la Congrégation par Dom Tassin énumère la liste longue et glorieuse des auteurs et de leurs œuvres. C'est l'un des plus beaux hommages rendus à l'Ordre de Saint-Benoît.

Entre tous les monastères de cette congrégation, il en est un à qui les travaux de ses habitants ont fait une réputation universelle : c'est l'abbaye parisienne de Saint-Germain des Prés. Je ne sache pas au monde lieu qui ait réuni une pléiade d'hommes comparable à celle qui vécut sous ses cloîtres et vu la publication d'œuvres aussi utiles. Les travaux des Mauristes allaient en Angleterre, en Allemagne, en Italie, en Espagne, partout. En coopérant au progrès des sciences historiques, ils honoraient la France. Les services rendus par eux ne seront pas oubliés de sitôt. Catholiques et protestants sont unanimes à les reconnaître.

Les moines lorrains ne vécurent pas dans l'oisiveté. Leurs relations fréquentes avec leurs confrères les stimulaient à l'étude ; mais la Providence leur prodigua moins les hommes de talent. Deux religieux néanmoins figurent dignement auprès des Mauristes les plus célèbres : Calmet, dont les *Commentaires* ont joui si longtemps d'une vogue méritée, et Cellier, auteur de l'*Histoire générale des auteurs ecclésiastiques*.

Dom Guéranger et ses disciples ont repris de bonne heure les traditions littéraires bénédictines. Le restaurateur de Solesmes, par ses *Institutions liturgiques*, prépara le retour des Eglises de France à la liturgie romaine. J'ai parlé ailleurs de sa *Monarchie pontificale* et de son *Mémoire sur la définition de l'Immaculée Conception*. Son *Année liturgique* est l'un des livres qui ont le plus contribué à raviver dans les âmes l'esprit chrétien. L'œuvre de la restauration liturgique entreprise par Dom Guéranger a eu son complément nécessaire dans le retour aux meilleures traditions du chant grégorien. Les *Mélodies grégoriennes* de Dom Pothier, et le commentaire très autorisé que leur donne chaque trimestre la *Paléographie musicale* de Solesmes, ont inauguré une rénovation de la prière publique, qui aura sur le développement de l'esprit chrétien une influence décisive.

Dom Pitra, Dom Piolin, Dom Bérengier, Dom Plaine, pour ne nommer que les morts, ont, chacun dans sa sphère, servi la cause de la science ecclésiastique. Leurs frères continuent dans la voie que leur a indiquée l'illustre abbé de Solesmes. Je n'ai pas à donner ici leurs noms ni à énumérer leurs travaux, mais ceux qui suivent en France le mouvement des études ont plus d'une fois applaudi aux succès des enfants de saint Benoît. Ils avaient leur place marquée aux premiers rangs des serviteurs de l'Église et de leur pays, quand une loi néfaste les a forcés de prendre la route de l'exil.

Le Père Muard, en fondant le monastère de la Pierre qui Vire, voulut que ses religieux portassent le nom de Bénédictins prêcheurs. Si ce titre était dans l'Ordre une innovation, l'idée qu'il évoque est pleinement conforme à ses traditions séculaires. Les moines ne furent pas, en effet, tous des contemplatifs, au sens que ce mot comporte de nos jours. Beaucoup parmi eux surent joindre à une vie de prière et de pénitence les travaux extérieurs de l'apostolat.

Le paganisme n'avait pas encore disparu de toutes les campagnes, lorsque la règle de saint Benoît fit son apparition en France. De nombreux apôtres sortirent des monastères soumis à son autorité. Beaucoup s'en allèrent évangéliser les peuplades germaines établies au delà du Rhin. Saint Anschaire et les premiers prédicateurs de la foi chrétienne chez les Danois et les Scandinaves étaient moines de Corbie.

C'est principalement autour de leurs abbayes

que s'exerça l'activité apostolique des Bénédictins. Des agglomérations ne tardèrent pas à se former auprès d'eux. Ils en devinrent les chefs spirituels. Ils contribuèrent pour une part très large à l'extension et à l'organisation des paroisses rurales. Celles qui étaient bâties sur leurs domaines recevaient du monastère le religieux prêtre chargé de la desservir. Les enfants de saint Benoît eurent ainsi, durant des siècles, à administrer les sacrements et à donner l'instruction religieuse à un très grand nombre de familles chrétiennes. Le clergé séculier ne pouvait alors suffire à tous les besoins. Mais il ne tarda guère à se développer. L'exemple et l'action des moines leur furent très salutaires. Ceux-ci s'effacèrent alors devant eux, sans abandonner cependant le service religieux de toutes les églises qui leur étaient confiées. Ils conservèrent jusqu'à la Révolution sur quelques-unes de leurs anciennes paroisses des droits, qui rappelaient leur propriété primitive.

Les Bénédictins ne se replièrent pas tous dans leurs abbayes, abandonnant au clergé séculier et aux Ordres plus spécialement voués à l'apostolat une tâche, qu'ils avaient remplie avec succès. On les voit encore pendant le xviie siècle évangéliser les populations rurales, qui avoisinaient leurs monastères. Le protestantisme y comptait de nombreux adeptes. Ils s'associèrent aux missions que les évêques firent prêcher pour les arracher à l'hérésie.

Durant tout le Moyen Age, les abbayes bénédictines furent des séminaires où se recrutait souvent l'épiscopat. Les pontifes, qui secondèrent avec tant de zèle et d'autorité les rois mérovingiens et carolingiens, furent presque tous des moines. On peut en dire autant des évêques du XIe et du XIIe siècle. Ils n'eurent pas seulement à gouverner des diocèses, à une époque où la France était en formation, ils remplirent un rôle politique et ils exercèrent une action sociale profonde. Conseillers, on pourrait même dire maîtres des rois, ces moines évêques façonnèrent avec eux la France chrétienne, secondés par les abbés des plus puissantes abbayes.

Durant cette période glorieuse du Moyen Age, où la France fut à la tête du monde chrétien, elle vit quelques-uns de ses moines appelés à l'honneur de gouverner l'Église universelle : le bienheureux Urbain II et Eugène III sont les plus connus. Les papes choisirent dans les monastères bénédictins quelques-uns de leurs cardinaux les plus influents. A notre époque, Pie IX reprenait un antique tradition lorsqu'il offrait la pourpre cardinalice à Dom Pitra, moine de Solesmes.

CONCLUSION

Ces quelques pages ne sont ni une histoire de l'ordre Bénédictin ni un exposé des services rendus par ses membres. L'auteur a voulu montrer le lien qui unit depuis des siècles cet ordre à la France. Ce lien est fait de services mutuels. Ceux qui auraient besoin de renseignements plus complets ont à leur disposition une liste très longue d'ouvrages écrits avec compétence et amour.

BIBLIOGRAPHIE

Nous indiquons dans cette liste, non les travaux d'érudition, mais quelques-uns des ouvrages que les personnes instruites pourront lire avec le plus de profit.

MONTALEMBERT. — *Les moines d'Occident*, 7 vol. in-8.

Abbé MARTIN. — *Les moines et leur influence sociale*, 2 vol. in-12.

Dom BESSE. — *Le moine bénédictin*, 1 vol. in-8.

PIGNOT. — *Histoire de l'Ordre de Cluny*, 3 vol. in-8.

Abbé JARDET. — *Saint Odilon, abbé de Cluny*, 1 vol. in-8.

Dom L'HUILLIER. — *Vie de saint Hugues, abbé de Cluny*, 1 vol. in-8.

Abbé VACANDARD. — *Saint Bernard*, 2 vol. in-8.

Am. DE BROGLIE. — *Mabillon et la Société de Saint-Germain*, 2 vol. in-8.

Am. DE BROGLIE. — *Montfaucon et les Bernardins*, 2 vol. in-8.

Dom GUÉPIN. — *Solesmes et Dom Guéranger*, 1 vol. in-12.

TABLE DES MATIÈRES

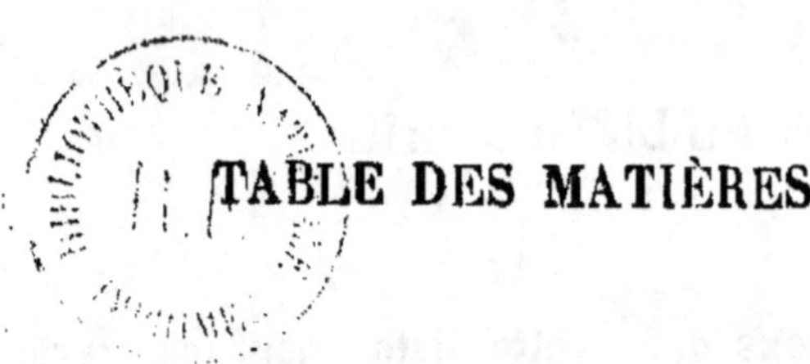

CHAPITRE PREMIER. — Développement de l'ordre bénédictin en France. 5
CHAPITRE II. — Services rendus par les bénédictins 42
BIBLIOGRAPHIE. 62

Saint-Amand (Cher). Imprimerie BUSSIÈRE